THIS JOURNAL BELONGS TO:
_____

©2019 All rights reserved.

# JANUARY 1

**20**

**20**

**20**

**20**

**20**

# JANUARY 2

**20**

**20**

**20**

**20**

**20**

# JANUARY 3

20

20

20

20

20

# JANUARY 4

20

20

20

20

20

# JANUARY 5

20

20

20

20

20

# JANUARY 6

20

20

20

20

20

# JANUARY 7

20

20

20

20

20

# JANUARY 8

**20**

**20**

**20**

**20**

**20**

# JANUARY 9

**20**

**20**

**20**

**20**

**20**

# JANUARY 10

**20**

**20**

**20**

**20**

**20**

# JANUARY 11

20

20

20

20

20

# JANUARY 12

20

20

20

20

20

# JANUARY 13

**20**

**20**

**20**

**20**

**20**

# JANUARY 14

20

20

20

20

20

# JANUARY 15

**20**

**20**

**20**

**20**

**20**

# JANUARY 16

**20**

**20**

**20**

**20**

**20**

# JANUARY 17

20

20

20

20

20

# JANUARY 18

20

20

20

20

20

# JANUARY 19

**20**

**20**

**20**

**20**

**20**

# JANUARY 20

20

20

20

20

20

# JANUARY 21

**20**

**20**

**20**

**20**

**20**

# JANUARY 22

20

20

20

20

20

# JANUARY 23

20

20

20

20

20

# JANUARY 24

**20**

**20**

**20**

**20**

**20**

# JANUARY 25

20

20

20

20

20

# JANUARY 26

20

20

20

20

20

# JANUARY 27

**20**

**20**

**20**

**20**

**20**

# JANUARY 28

20

20

20

20

20

# JANUARY 29

**20**

**20**

**20**

**20**

**20**

# JANUARY 30

**20**

**20**

**20**

**20**

**20**

# JANUARY 31

**20**

**20**

**20**

**20**

**20**

# FEBRUARY 1

20

20

20

20

20

# FEBRUARY 2

**20**

**20**

**20**

**20**

**20**

# FEBRUARY 3

**20**

**20**

**20**

**20**

**20**

# FEBRUARY 4

20

20

20

20

20

# FEBRUARY 5

20

20

20

20

20

# FEBRUARY 6

20

20

20

20

20

# FEBRUARY 7

20

20

20

20

20

# FEBRUARY 8

20

20

20

20

20

# FEBRUARY 9

20

20

20

20

20

# FEBRUARY 10

20

20

20

20

20

# FEBRUARY 11

20

20

20

20

20

# FEBRUARY 12

20

20

20

20

20

# FEBRUARY 13

20

20

20

20

20

# FEBRUARY 14

20

20

20

20

20

# FEBRUARY 15

20

20

20

20

20

# FEBRUARY 16

**20**

**20**

**20**

**20**

**20**

# FEBRUARY 17

20

20

20

20

20

# FEBRUARY 18

20

20

20

20

20

# FEBRUARY 19

20

20

20

20

20

# FEBRUARY 20

**20**

**20**

**20**

**20**

**20**

# FEBRUARY 21

20

20

20

20

20

# FEBRUARY 22

20

20

20

20

20

# FEBRUARY 23

20

20

20

20

20

# FEBRUARY 24

20

20

20

20

20

# FEBRUARY 25

20

20

20

20

20

# FEBRUARY 26

20

20

20

20

20

# FEBRUARY 27

20

20

20

20

20

# FEBRUARY 28

20

20

20

20

20

# FEBRUARY 29 (LEAP YEAR)

**20**

**20**

**20**

**20**

**20**

# MARCH 1

20

20

20

20

20

# MARCH 2

20

20

20

20

20

# MARCH 3

**20**

**20**

**20**

**20**

**20**

# MARCH 4

20

20

20

20

20

# MARCH 5

20

20

20

20

20

# MARCH 6

20

20

20

20

20

# MARCH 7

20

20

20

20

20

# MARCH 8

20

20

20

20

20

# MARCH 9

**20**

**20**

**20**

**20**

**20**

# MARCH 10

20

20

20

20

20

# MARCH 11

20

20

20

20

20

# MARCH 12

20

20

20

20

20

# MARCH 13

20

20

20

20

20

# MARCH 14

20

20

20

20

20

# MARCH 15

**20**

**20**

**20**

**20**

**20**

# MARCH 16

20

20

20

20

20

# MARCH 17

20

20

20

20

20

# MARCH 18

20

20

20

20

20

# MARCH 19

20

20

20

20

20

# MARCH 20

**20**

**20**

**20**

**20**

**20**

# MARCH 21

**20**

**20**

**20**

**20**

**20**

# MARCH 22

20

20

20

20

20

# MARCH 23

20

20

20

20

20

# MARCH 24

20 _____

20 _____

20 _____

20 _____

20 _____

# MARCH 25

20

20

20

20

20

# MARCH 26

20

20

20

20

20

# MARCH 27

20

20

20

20

20

# MARCH 28

20

20

20

20

20

# MARCH 29

**20**

**20**

**20**

**20**

**20**

# MARCH 30

20

20

20

20

20

# MARCH 31

20

20

20

20

20

# APRIL 1

**20**

**20**

**20**

**20**

**20**

# APRIL 2

20

20

20

20

20

# APRIL 3

20

20

20

20

20

# APRIL 4

20

20

20

20

20

# APRIL 5

20

20

20

20

20

# APRIL 6

20

20

20

20

20

# APRIL 7

20

20

20

20

20

# APRIL 8

20

20

20

20

20

# APRIL 9

20

20

20

20

20

# APRIL 10

20

20

20

20

20

# APRIL 11

# APRIL 12

20

20

20

20

20

# APRIL 13

**20**

**20**

**20**

**20**

**20**

# APRIL 14

20

20

20

20

20

# APRIL 15

20

20

20

20

20

# APRIL 16

20___

20___

20___

20___

20___

# APRIL 17

20

20

20

20

20

# APRIL 18

20

20

20

20

20

# APRIL 19

**20**

**20**

**20**

**20**

**20**

# APRIL 20

20

20

20

20

20

# APRIL 21

**20**

**20**

**20**

**20**

**20**

# APRIL 22

20

20

20

20

20

# APRIL 23

20

20

20

20

20

# APRIL 24

20

20

20

20

20

# APRIL 25

20

20

20

20

20

# APRIL 26

20

20

20

20

20

# APRIL 27

20

20

20

20

20

# APRIL 28

**20**

**20**

**20**

**20**

**20**

# APRIL 29

20

20

20

20

20

# APRIL 30

20

20

20

20

20

# MAY 1

20

20

20

20

20

# MAY 2

20

20

20

20

20

# MAY 3

20

20

20

20

20

# MAY 4

20

20

20

20

20

# MAY 5

20

20

20

20

20

# MAY 6

20

20

20

20

20

# MAY 7

20

20

20

20

20

# MAY 8

20

20

20

20

20

# MAY 9

20

20

20

20

20

# MAY 10

20

20

20

20

20

# MAY 11

20

20

20

20

20

# MAY 12

20

20

20

20

20

# MAY 13

20

20

20

20

20

# MAY 14

20

20

20

20

20

# MAY 15

20

20

20

20

20

# MAY 16

20

20

20

20

20

# MAY 17

20

20

20

20

20

# MAY 18

20

20

20

20

20

# MAY 19

20

20

20

20

20

# MAY 20

20

20

20

20

20

# MAY 21

20

20

20

20

20

# MAY 22

20

20

20

20

20

# MAY 23

**20**

**20**

**20**

**20**

**20**

# MAY 24

20

20

20

20

20

# MAY 25

20

20

20

20

20

# MAY 26

20

20

20

20

20

# MAY 27

20

20

20

20

20

# MAY 28

20

20

20

20

20

# MAY 29

20

20

20

20

20

# MAY 30

20

20

20

20

20

# MAY 31

20

20

20

20

20

# JUNE 1

20

20

20

20

20

# JUNE 2

20

20

20

20

20

# JUNE 3

20

20

20

20

20

# JUNE 4

20

20

20

20

20

# JUNE 5

20

20

20

20

20

# JUNE 6

**20**

**20**

**20**

**20**

**20**

# JUNE 7

20

20

20

20

20

# JUNE 8

20

20

20

20

20

# JUNE 9

20

20

20

20

20

# JUNE 10

20

20

20

20

20

# JUNE 11

20

20

20

20

20

# JUNE 12

20

20

20

20

20

# JUNE 13

**20**

**20**

**20**

**20**

**20**

# JUNE 14

20

20

20

20

20

# JUNE 15

20

20

20

20

20

# JUNE 16

20

20

20

20

20

# JUNE 17

**20**

**20**

**20**

**20**

**20**

# JUNE 18

20

20

20

20

20

# JUNE 19

20

20

20

20

20

# JUNE 20

20

20

20

20

20

# JUNE 21

**20**

**20**

**20**

**20**

**20**

# JUNE 22

**20**

**20**

**20**

**20**

**20**

# JUNE 23

**20**

**20**

**20**

**20**

**20**

# JUNE 24

20

20

20

20

20

# JUNE 25

20

20

20

20

20

# JUNE 26

20

20

20

20

20

# JUNE 27

20

20

20

20

20

# JUNE 28

20

20

20

20

20

# JUNE 29

20

20

20

20

20

# JUNE 30

20

20

20

20

20

# JULY 1

20

20

20

20

20

# JULY 2

20

20

20

20

20

# JULY 3

20

20

20

20

20

# JULY 4

20

20

20

20

20

# JULY 5

20

20

20

20

20

# JULY 6

20

20

20

20

20

# JULY 7

20

20

20

20

20

# JULY 8

20

20

20

20

20

# JULY 9

20

20

20

20

20

# JULY 10

20

20

20

20

20

# JULY 11

20

20

20

20

20

# JULY 12

20

20

20

20

20

# JULY 13

**20**

**20**

**20**

**20**

**20**

# JULY 14

20

20

20

20

20

# JULY 15

20

20

20

20

20

# JULY 16

20

20

20

20

20

# JULY 17

20___

20___

20___

20___

20___

# JULY 18

**20**

**20**

**20**

**20**

**20**

# JULY 19

20

20

20

20

20

## JULY 20

20

20

20

20

20

# JULY 21

20

20

20

20

20

# JULY 22

**20**

**20**

**20**

**20**

**20**

# JULY 23

20

20

20

20

20

# JULY 24

**20**

**20**

**20**

**20**

**20**

# JULY 25

**20**

**20**

**20**

**20**

**20**

# JULY 26

20

20

20

20

20

# JULY 27

20

20

20

20

20

# JULY 28

20

20

20

20

20

# JULY 29

20 _____

20 _____

20 _____

20 _____

20 _____

# JULY 30

20

20

20

20

20

# JULY 31

20

20

20

20

20

# AUGUST 1

**20**

**20**

**20**

**20**

**20**

# AUGUST 2

20

20

20

20

20

# AUGUST 3

20

20

20

20

20

# AUGUST 4

20

20

20

20

20

# AUGUST 5

20

20

20

20

20

# AUGUST 6

20

20

20

20

20

# AUGUST 7

**20**

**20**

**20**

**20**

**20**

# AUGUST 8

20

20

20

20

20

# AUGUST 9

20

20

20

20

20

# AUGUST 10

20

20

20

20

20

# AUGUST 11

20

20

20

20

20

# AUGUST 12

20

20

20

20

20

# AUGUST 13

20

20

20

20

20

# AUGUST 14

**20**

**20**

**20**

**20**

**20**

# AUGUST 15

20

20

20

20

20

# AUGUST 16

20

20

20

20

20

# AUGUST 17

20

20

20

20

20

# AUGUST 18

20

20

20

20

20

# AUGUST 19

20

20

20

20

20

# AUGUST 20

20

20

20

20

20

# AUGUST 21

**20**

**20**

**20**

**20**

**20**

# AUGUST 22

20

20

20

20

20

# AUGUST 23

20

20

20

20

20

# AUGUST 24

**20**

**20**

**20**

**20**

**20**

# AUGUST 25

**20**

**20**

**20**

**20**

**20**

# AUGUST 26

20

20

20

20

20

# AUGUST 27

20

20

20

20

20

# AUGUST 28

20

20

20

20

20

# AUGUST 29

20

20

20

20

20

# AUGUST 30

**20**

**20**

**20**

**20**

**20**

# AUGUST 31

20

20

20

20

20

# SEPTEMBER 1

20

20

20

20

20

# SEPTEMBER 2

20

20

20

20

20

# SEPTEMBER 3

20

20

20

20

20

# SEPTEMBER 4

20

20

20

20

20

# SEPTEMBER 5

20

20

20

20

20

# SEPTEMBER 6

20

20

20

20

20

# SEPTEMBER 7

20

20

20

20

20

# SEPTEMBER 8

20

20

20

20

20

# SEPTEMBER 9

20

20

20

20

20

# SEPTEMBER 10

20

20

20

20

20

# SEPTEMBER 11

20

20

20

20

20

# SEPTEMBER 12

20

20

20

20

20

# SEPTEMBER 13

20

20

20

20

20

# SEPTEMBER 14

**20**

**20**

**20**

**20**

**20**

# SEPTEMBER 15

20

20

20

20

20

# SEPTEMBER 16

20

20

20

20

20

# SEPTEMBER 17

20

20

20

20

20

# SEPTEMBER 18

20

20

20

20

20

# SEPTEMBER 19

20

20

20

20

20

# SEPTEMBER 20

**20**

**20**

**20**

**20**

**20**

# SEPTEMBER 21

20

20

20

20

20

# SEPTEMBER 22

20

20

20

20

20

# SEPTEMBER 23

20

20

20

20

20

# SEPTEMBER 24

20

20

20

20

20

# SEPTEMBER 25

20

20

20

20

20

# SEPTEMBER 26

**20**

**20**

**20**

**20**

**20**

# SEPTEMBER 27

20

20

20

20

20

# SEPTEMBER 28

20

20

20

20

20

# SEPTEMBER 29

20

20

20

20

20

# SEPTEMBER 30

20

20

20

20

20

# OCTOBER 1

20

20

20

20

20

# OCTOBER 2

20

20

20

20

20

# OCTOBER 3

20

20

20

20

20

# OCTOBER 4

20

20

20

20

20

# OCTOBER 5

20

20

20

20

20

# OCTOBER 6

20

20

20

20

20

# OCTOBER 7

**20**

**20**

**20**

**20**

**20**

# OCTOBER 8

20

20

20

20

20

# OCTOBER 9

20

20

20

20

20

# OCTOBER 10

20

20

20

20

20

# OCTOBER 11

20

20

20

20

20

# OCTOBER 12

20

20

20

20

20

# OCTOBER 13

20

20

20

20

20

# OCTOBER 14

**20**

**20**

**20**

**20**

**20**

# OCTOBER 15

20

20

20

20

20

# OCTOBER 16

20

20

20

20

20

# OCTOBER 17

20

20

20

20

20

# OCTOBER 18

20

20

20

20

20

# OCTOBER 19

20

20

20

20

20

# OCTOBER 20

20

20

20

20

20

# OCTOBER 21

**20**

**20**

**20**

**20**

**20**

# OCTOBER 22

20

20

20

20

20

# OCTOBER 23

20

20

20

20

20

# OCTOBER 24

**20**

**20**

**20**

**20**

**20**

# OCTOBER 25

**20**

**20**

**20**

**20**

**20**

# OCTOBER 26

20

20

20

20

20

# OCTOBER 27

20

20

20

20

20

# OCTOBER 28

**20**

**20**

**20**

**20**

**20**

# OCTOBER 29

20

20

20

20

20

# OCTOBER 30

20

20

20

20

20

# OCTOBER 31

20

20

20

20

20

# NOVEMBER 1

20

20

20

20

20

# NOVEMBER 2

20

20

20

20

20

# NOVEMBER 3

20

20

20

20

20

# NOVEMBER 4

20

20

20

20

20

# NOVEMBER 5

20

20

20

20

20

# NOVEMBER 6

20

20

20

20

20

# NOVEMBER 7

20

20

20

20

20

# NOVEMBER 8

20

20

20

20

20

# NOVEMBER 9

20

20

20

20

20

# NOVEMBER 10

20

20

20

20

20

# NOVEMBER 11

20

20

20

20

20

# NOVEMBER 12

20

20

20

20

20

# NOVEMBER 13

20

20

20

20

20

# NOVEMBER 14

20 _____

20 _____

20 _____

20 _____

20 _____

# NOVEMBER 15

20

20

20

20

20

# NOVEMBER 16

20

20

20

20

20

# NOVEMBER 17

20

20

20

20

20

# NOVEMBER 18

20

20

20

20

20

# NOVEMBER 19

20

20

20

20

20

# NOVEMBER 20

20

20

20

20

20

# NOVEMBER 21

**20**

**20**

**20**

**20**

**20**

# NOVEMBER 22

20

20

20

20

20

# NOVEMBER 23

20

20

20

20

20

# NOVEMBER 24

20

20

20

20

20

# NOVEMBER 25

**20**

**20**

**20**

**20**

**20**

# NOVEMBER 26

20

20

20

20

20

# NOVEMBER 27

20

20

20

20

20

# NOVEMBER 28

20

20

20

20

20

# NOVEMBER 29

20

20

20

20

20

# NOVEMBER 30

20

20

20

20

20

# DECEMBER 1

20

20

20

20

20

# DECEMBER 2

20

20

20

20

20

# DECEMBER 3

20

20

20

20

20

# DECEMBER 4

20

20

20

20

20

# DECEMBER 5

20

20

20

20

20

# DECEMBER 6

20

20

20

20

20

# DECEMBER 7

20

20

20

20

20

# DECEMBER 8

20

20

20

20

20

# DECEMBER 9

20

20

20

20

20

# DECEMBER 10

20

20

20

20

20

# DECEMBER 11

**20**

**20**

**20**

**20**

**20**

# DECEMBER 12

20

20

20

20

20

# DECEMBER 13

20

20

20

20

20

# DECEMBER 14

20

20

20

20

20

# DECEMBER 15

20

20

20

20

20

# DECEMBER 16

20

20

20

20

20

# DECEMBER 17

20

20

20

20

20

# DECEMBER 18

20

20

20

20

20

# DECEMBER 19

20

20

20

20

20

# DECEMBER 20

20

20

20

20

20

# DECEMBER 21

20

20

20

20

20

# DECEMBER 22

**20**

**20**

**20**

**20**

**20**

# DECEMBER 23

20

20

20

20

20

# DECEMBER 24

20

20

20

20

20

# DECEMBER 25

**20**

**20**

**20**

**20**

**20**

# DECEMBER 26

20

20

20

20

20

# DECEMBER 27

20

20

20

20

20

# DECEMBER 28

20

20

20

20

20

# DECEMBER 29

20

20

20

20

20

# DECEMBER 30

20

20

20

20

20

# DECEMBER 31

20

20

20

20

20

Made in the USA
Monee, IL
29 July 2021